PETER GAYMANN präsentiert

Plätzchen, Stollen, Weihnachtsmänner

Mosaik bei
GOLDMANN

INHALT

Kurz vor Weihnachten
im Trainingslager!

Nussecken

Für den Teig:
250 g Mehl
70 g Zucker
1 Päckchen Vanillezucker
1 Ei
125 g Butter

Für den Belag:
125 g Butter
100 g Zucker
1 Päckchen Vanillezucker
300 g Mandeln, Hasel-
    nüsse und/oder Wal-
    nüsse, fein gerieben

Backpapier für das Blech
175 g Orangenmarme-
    lade
100 g Schokoglasur zum
    Verzieren

FÜR ETWA 60 STÜCK

1 Für den Teig Mehl, Zucker, Vanillezucker und Ei vermischen. Butter in Stückchen dazugeben. Alles zu einem glatten Teig verkneten, zu einer Rolle formen, zugedeckt 60 Minuten kühl stellen.

2 Für den Belag Butter, Zucker, Vanillezucker und 3 Esslöffel Wasser in einem Topf aufkochen. Die Nüsse einrühren. Den Backofen auf 200 °C einstellen.

3 Teig auf einem mit Backpapier belegten Blech auswellen. Erst mit Marmelade, dann mit der Nussmasse bestreichen, auf der mittleren Schiene 15 bis 20 Minuten backen. Die Platte noch warm in Dreiecke schneiden. Die Schokoglasur schmelzen und die Dreiecke an den Ecken eintauchen.

Nikolausmänner

1 kg Mehl
1 Würfel frische Hefe
1 EL Zucker
1/2 l lauwarme Milch
150 g Butter oder Margarine
1 Ei
1 TL Salz

Mehl zum Ausrollen
Fett für das Blech
1/2 Eiweiß zum Kleben
1 Eigelb zum Bestreichen
20 g Rosinen
50 g geschälte Mandeln
evtl. 12 Tonpfeifen

FÜR 12 STÜCK

1 Mehl in eine Schüssel geben. In die Mitte eine Vertiefung drücken. Die Hefe hineinbröckeln. Mit Zucker, einem Drittel des Mehls und der Hälfte der Milch verrühren. An einem warmen Ort zugedeckt etwa 20 Minuten gehen lassen.

2 Inzwischen aus festem Karton eine Schablone zum Ausschneiden der Männchen basteln. Sie sollen eine möglichst einfache, klare Form und etwa 20 cm Höhe und – mit ausgestreckten Armen gemessen – 18 cm Breite haben.

3 Restliche lauwarme Milch, Butter oder Margarine, Ei und Salz zum Vorteig geben. Alle Zutaten kräftig kneten. Teig gut schlagen, bis er sich vom Schüsselrand löst. Etwa 200 g Teig zum Garnieren zurücklassen.

4 Restlichen Teig halbieren und jede Hälfte auf bemehlter Fläche 1 cm dick ausrollen.

Schablone auflegen und insgesamt 12 Männchen ausschneiden. Arme und Beine nicht getrennt ansetzen, sondern nur einschneiden. Die Männchen nicht zu dicht auf ein gefettes Backblech legen. Aus dem zurückgelegten Teig Mützen, Stiefel oder Zöpfe formen. Mit wenig Eiweiß an die Teigfiguren kleben. An einem warmen Ort noch einmal etwa 30 Minuten gehen lassen.

5 Mit verquirltem Eigelb bestreichen. Rosinen und Mandeln als Augen, Mund, Nase und Knöpfe in die Teigfiguren drücken. Das Blech in den vorgeheizten Ofen auf die mittlere Schiene schieben und bei 220 °C 25 Minuten backen.

6 Nach dem Backen die Nikolausmänner gleich vom Blech lösen und jeden eventuell mit einer Pfeife vervollständigen.

Saftiges Früchtebrot

250 g getrocknete Birnen
250 g entsteinte Dörr-
   pflaumen
je 100 g getrocknete Fei-
   gen und Aprikosen
150 g Rosinen
50 g Zitronat

150 g Haselnusskerne
1/4 l Weißwein
100 ml Calvados
50 g Honig
500 g Weizenvollkornmehl
40 g brauner Zucker
350 ml Milch

1/2 Würfel frische Hefe
3 Eier
50 g weiche Butter
1 EL gemahlener Zimt
2 TL Lebkuchengewürz
Mehl zum Bearbeiten
Butter für die Formen

FÜR 2 KASTENFORMEN (25 CM)

1 Die Birnen waschen. Birnen, Pflaumen, Feigen und Aprikosen in kleine Stücke schneiden und mit Rosinen, Zitronat und Haselnüssen vermischen.

2 Wein, Calvados und Honig in einen Topf geben und aufkochen. Die heiße Flüssigkeit über die Fruchtmischung gießen und zugedeckt 12 Stunden oder über Nacht durchziehen lassen.

3 Das Mehl und den Zucker in eine Schüssel geben. Die Milch lauwarm erhitzen, die Hefe zerbröckeln und darin auflösen. Die Hefemilch zu der Mehlmischung geben. Alles mit den Knethaken des Handrührgeräts zu einem klebrigen Teig verarbeiten. Zugedeckt an einem warmen Ort 30 Minuten gehen lassen.

4 Die Eier, die Butter und die Gewürze unter den Teig kneten. Mit Mehl bestreuen und zugedeckt weitere 30 Minuten gehen lassen. Danach die Früchte unter den Teig kneten.

5 Die Formen mit etwas Butter einfetten. Den Teig mit leicht bemehlten Händen zu länglichen Laiben formen, in die Formen legen und zugedeckt 20 Minuten gehen lassen.

6 Inzwischen den Backofen auf 200 °C vorheizen. Die Früchtebrote im heißen Backofen auf der zweiten Schiene von unten 50 bis 60 Minuten backen. Herausnehmen, kurz in den Formen lassen, dann auf ein Kuchengitter stürzen und auskühlen lassen.

Orangenblättchen

80 g Zucker
125 g weiche Butter
2 Eigelb
abgeriebene Schale von
   1 unbehandelten Orange
1 EL Orangensaft
250 g Mehl

Backpapier für das Blech
Mehl für die Arbeitsfläche
100 g Schokoglasur zum
   Verzieren

FÜR ETWA 50 STÜCK

1 Zucker und Butter mit den Quirlen des Handrührers cremig rühren. Eigelb, Orangenschale und -saft zugeben, etwa 5 Minuten rühren. Das Mehl zügig unterkneten und den Teig zu einer Kugel formen. Zugedeckt etwa 60 Minuten ruhen lassen.

2 Den Backofen auf 180 °C einstellen, ein Blech mit Backpapier auslegen. Den Teig mit etwas Mehl etwa 5 mm dünn auswellen. Blattformen ausstechen oder mit einem spitzen Messer ausschneiden.

3 Plätzchen auf das Blech legen, auf der mittleren Schiene etwa 10 Minuten goldgelb backen, auf einem Kuchengitter abkühlen lassen.

4 Die Schokoglasur im Wasserbad schmelzen und damit Blattadern auf die Plätzchen zeichnen.

Nussmakronen

3 Eiweiß
Salz
1/2 TL Zitronensaft
150 g Zucker
1 EL Speisestärke
200 g gemahlene Haselnüsse
1 Päckchen Vanillezucker

40 Backoblaten von 4 cm
  Durchmesser
40 Haselnüsse

FÜR ETWA 40 STÜCK

1 Eiweiß mit Salz und Zitronensaft steif schlagen, nach und nach den Zucker einrieseln lassen. 50 g davon abnehmen und mit der Speisestärke verrühren.

2 Die restliche Masse mit den gemahlenen Haselnüssen und Vanillezucker vermischen und auf die Oblaten spritzen. Die weiße Masse in die Mitte der Nussmasse spritzen und jeweils mit einem Haselnusskern krönen. Auf Bleche mit Backpapier setzen.

3 Den Backofen auf 170 °C vorheizen und die Plätzchen darin 12 bis 15 Minuten backen.

Darf ich Ihnen einen
Stuhl anbieten? Wollen
Sie ablegen? Mögen Sie
was trinken? Haben Sie
die Geschenke mit?

Terrassenplätzchen

150 g weiche Butter
100 g Zucker
1 Päckchen Vanillezucker
1 Ei
1 Prise Salz
300 g Mehl
2 gestrichene TL Backpulver

Mehl für die Arbeitsfläche
Backpapier für das Blech
3–4 EL Konfitüre zum
    Bestreichen
evtl. Puderzucker zum
    Bestäuben

FÜR ETWA 30 STÜCK

1 Butter, Zucker und Vanillezucker cremig rühren. Ei, Salz und die Hälfte des Mehls einrühren, den Rest mit dem Backpulver unterkneten. Teig für 30 bis 60 Minuten kühl stellen.

2 Den Backofen auf 200 °C einstellen. Teig mit wenig Mehl dünn auswellen. Plätzchen in 3 verschiedenen Größen ausstechen und auf ein mit Backpapier belegtes Blech legen. Auf der mittleren Schiene 8 bis 10 Minuten backen.

3 Alle kleinen und mittleren Plätzchen auf der Unterseite mit Konfitüre bestreichen. Die Plätzchen terrassenförmig aufeinander setzen.

Tipp:
Besonders schön sieht es aus, wenn Sie die zusammengesetzten Terrassenplätzchen mit Puderzucker bestäuben.

Blätterteigtannen

2 Packungen frischer
  Blätterteig
125 g Zucker
300 g Frischkäse
100 g Puderzucker
1 Päckchen Vanillezucker
2 EL Amaretto

1 EL Orangensaft
100 g Wildbeeren- oder
  Erdbeerkonfitüre
1 EL Kakaopulver

FÜR 8 STÜCK

1 Den Blätterteig ausrollen; die Platten halbieren, dünn mit Wasser bestreichen und die 4 Lagen aufeinander legen.

2 Den Zucker gleichmäßig auf einer Arbeitsfläche ausstreuen und den Blätterteig darauf dünn ausrollen.

3 Mit einer vorgefertigten Schablone Tannenbäume von etwa 10 cm Breite und etwa 14 cm Höhe ausschneiden.

4 Die Teigreste aufeinander legen, noch einmal dünn ausrollen und weitere Tannenbäume ausschneiden. Backbleche mit Backpapier auslegen und die Teigbäume darauf setzen. Die Blätterteigbäume anschließend etwa 20 Minuten ruhen lassen.

5 Den Backofen auf 200 °C vorheizen und die Tannenbäume etwa 15 bis 18 Minuten backen. Der Blätterteig sollte nicht zu dunkel werden. Herausnehmen und abkühlen lassen.

6 Den Frischkäse mit 50 g Puderzucker und dem Vanillezucker verrühren. Amaretto und Orangensaft zugeben und einarbeiten.

7 Die flachen Bäume (aus den Teigresten) erst mit Konfitüre, dann mit Frischkäsecreme bestreichen und mit schönen Bäumen abdecken.

8 Den restlichen Puderzucker mit dem Kakao vermischen und die Blätterteigtannen damit bestäuben.

Bananen-Schoko-Würfel

80 g Zartbitterschokolade
50 g Pecannüsse
4 sehr reife Bananen
4 Eiweiß
1 EL Grappa
160 g brauner Zucker
1 Päckchen Vanillezucker

1/2 TL gemahlener Zimt
240 g Haferkleie

FÜR 30 STÜCK

1 Schokolade in Stücke brechen, in einer Tasse im heißen Wasserbad schmelzen lassen. Backofen auf 200 °C vorheizen. Fettpfanne des Backofens oder eine 30 x 25 cm große Form mit Backpapier auslegen.

2 Die Nüsse mit einem schweren Messer fein hacken. Die Bananen schälen und mit einer Gabel sorgfältig zerdrücken. Mit der Schokolade, den Eiweißen, Grappa, Zucker, Vanillezucker und Zimt verrühren. Haferkleie unterrühren.

3 Den Teig in der vorbereiteten Form verteilen und die Oberfläche glatt streichen. Die Bananen-Schoko-Masse im heißen Backofen 25 Minuten backen. Aus dem Backofen nehmen, abkühlen lassen und in Stücke schneiden.

Marzipanturrón

250 g Mandeln
150 g Puderzucker
abgeriebene Schale von
    1 unbehandelten Zitrone

1 Die Mandeln mit kochendem Wasser überbrühen, abziehen, gut trocknen lassen (am besten über Nacht auf der Heizung) und am folgenden Tag sehr fein mahlen.

2 Die Mandeln mit Puderzucker, Zitronenschale und 3 bis 4 EL Wasser verkneten, sodass eine feste Marzipanmasse entsteht.

Aus der Masse Kugeln, kleine Figuren oder Stangen formen und anschließend einige Tage trocknen lassen. Die *turrónes* in einem luftdicht verschlossenen Gefäß aufbewahren.

Orangenmakronen

Der Countdown läuft!

etwa 50 Backoblaten (4 cm Ø)
  oder Backpapier für das Blech
300 g Mandeln
100 g Orangeat
4 Eiweiß
1 Prise Salz
300 g Puderzucker

abgeriebene Schale von
  1 unbehandelten Orange
1 TL Zimtpulver
1 Messerspitze gemahlene
  Nelken

FÜR ETWA 50 STÜCK

1 Das Blech mit den Oblaten oder mit Back-papier auslegen. Den Backofen auf 160 °C vorheizen.

2 Die Mandeln fein reiben oder im Blitz-hacker fein zerkleinern. Das Orangeat hacken, Eiweiß mit dem Salz steif schlagen. Puder-zucker nach und nach unterrühren. Die geriebenen Mandeln, Orangeat, Orangen-schale, Zimt und Nelken dazugeben und vorsichtig unterheben.

3 Die Masse mit zwei Teelöffeln in kleinen Häufchen auf die Oblaten oder das Back-papier setzen.

4 Die Orangenmakronen auf der mittleren Schiene 20 bis 25 Minuten backen und auf dem Blech auskühlen lassen.

Espressobrownies

Für den Teig:
140 g Mehl
1/2 TL Backpulver
1/4 TL Salz
200 g Zartbitter-
    schokolade
130 g Butter

Butter für die Form
220 g Zucker
1 Päckchen Bourbon-
    Vanillezucker
3 Eier

Für die Glasur:
130 g Zartbitterschokolade
50 g Butter
2 EL Espresso oder sehr
    starker Kaffee
50 g gehobelte Mandeln

FÜR 24 BROWNIES

1 Für den Teig das Mehl in eine Schüssel sieben. Backpulver und Salz dazugeben und alles gründlich miteinander vermischen.

2 Die Schokolade mit der Butter bei kleiner Hitze unter ständigem Rühren schmelzen. Dann vom Herd nehmen und etwas abkühlen lassen.

3 Den Ofen auf 180 °C vorheizen. Eine rechteckige Kuchenform (etwa 20 x 30 cm) mit Butter ausfetten.

4 Die lauwarme Schokoladen-Butter-Mischung in eine Schüssel umfüllen und unter ständigem Rühren den Zucker einrieseln lassen. Den Vanillezucker und nacheinander die Eier dazugeben und gut unterrühren.

5 Die Mehlmischung nach und nach zur Schokoladen-Butter-Mischung geben und alles so lange verrühren, bis das Mehl ganz eingearbeitet und ein glatter Teig entstanden ist.

6 Den Teig in der Kuchenform gleichmäßig verteilen, auf der mittleren Schiene des Ofens 25 Minuten backen, herausnehmen und in der Form abkühlen lassen.

7 Inzwischen für die Glasur die Schokolade und die Butter bei kleiner Hitze unter ständigem Rühren schmelzen. Sobald die Schokolade geschmolzen ist, die Mischung vom Herd nehmen und den Espresso oder Kaffee gründlich unterrühren.

8 Den Kuchen mit der Schokoladenglasur bestreichen und mit den Mandeln bestreuen, solange die Glasur noch nicht getrocknet ist. Die Glasur erkalten lassen und den Kuchen vor dem Servieren in etwa 5 x 4 cm große Rechtecke schneiden.

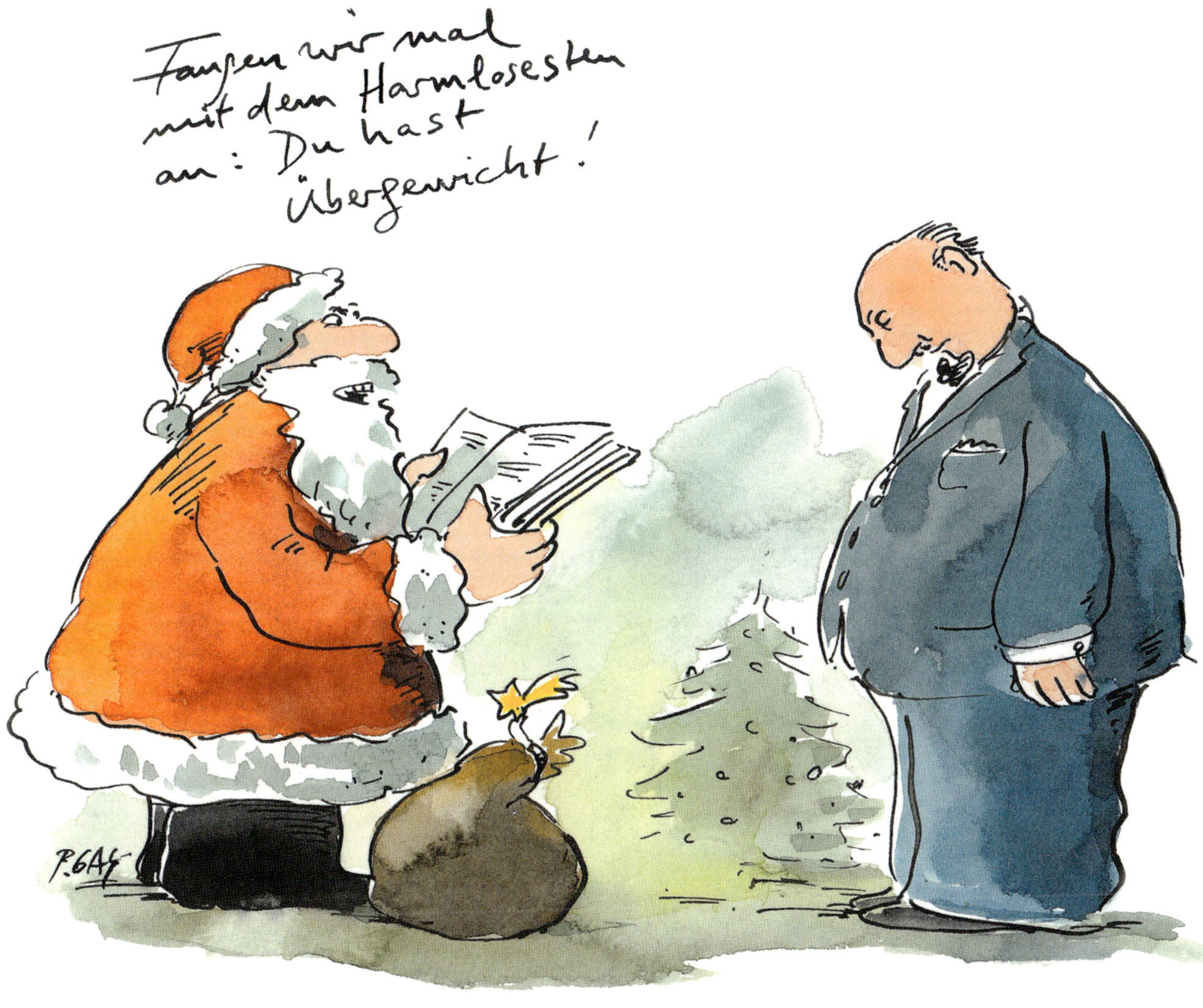
Fangen wir mal mit dem Harmlosesten an: Du hast Übergewicht!

Schokoladen-Mandel-Kekse

Backpapier für das Blech
180 g Zartbitterschokolade
280 g Mehl
1/2 TL Natron
1/2 TL Salz
160 g weiche Butter
180 g Zucker

2 TL Zuckerrübensirup
1 Päckchen Bourbon-Vanille-
   zucker
1 Ei
110 g Mandelstifte

FÜR ETWA 35 KEKSE

1 Den Backofen auf 190 °C vorheizen. Ein Backblech mit Backpapier auslegen. Die Schokolade in kleine Stücke brechen.

2 Das Mehl in eine Schüssel sieben. Natron und Salz zugeben und alles mit einem Schneebesen gut vermischen.

3 Die Butter in eine Schüssel geben und cremig rühren. Zucker, Zuckerrübensirup sowie Vanillezucker einrieseln lassen und mit der Butter schaumig schlagen. Das Ei zugeben und gut unterrühren.

4 Die Mehlmischung nach und nach zur Buttermischung geben und alles zu einem glatten Teig verarbeiten. Die Schokoladenstückchen und die Mandelstifte zum Teig geben und mit einem großen Löffel gut unterheben.

5 Mit einem Teelöffel aus dem Teig etwa 3 bis 4 cm große Bälle formen und diese mit etwa 5 cm Abstand auf das Backblech legen. Die Kekse auf der mittleren Schiene des Ofens 8 bis 10 Minuten hellbraun backen.

Appenzeller Nussröllchen

Guten Rutsch!

400 g Weizenmehl	1 Prise Salz	2 Tropfen Bittermandelaroma
100 g Dinkelmehl	250 g gemahlene gerös-	Mehl für die Arbeitsfläche
1 Würfel frische Hefe	tete Haselnusskerne	Butter für das Blech
45 g Demerarazucker	80 g Honig	1 Eigelb
1/4 l lauwarme Milch	1 Prise gemahlener Zimt	Demerarazucker zum Be-
110 g weiche Butter	1 TL abgeriebene unbe-	streuen
2 Eier	handelte Zitronenschale	

FÜR 18 STÜCK

1 Beide Mehlsorten in eine Schüssel sieben. In die Mitte eine Mulde drücken, die Hefe hineinbröckeln und mit 1 TL Zucker, 75 ml lauwarmer Milch und etwas Mehl zu einem Vorteig rühren. Zugedeckt an einem warmen Ort 20 Minuten gehen lassen.

2 Den restlichen Zucker, 50 ml Milch, 80 g Butter in Flöckchen, die Eier und das Salz zum Mehl geben und alles zu einem Hefeteig verarbeiten. Den Teig kräftig abschlagen und 20 bis 30 Minuten gehen lassen.

3 Inzwischen die Haselnusskerne, den Honig, den Zimt, die Zitronenschale, das Bittermandelaroma und 1/8 l Milch zu einer Paste vermischen.

4 Den aufgegangenen Hefeteig kurz durchkneten und auf einer bemehlten Arbeitsfläche dünn ausrollen. In 8 x 10 cm große Rechtecke schneiden.

5 Den Backofen auf 180 °C vorheizen, ein Backblech einfetten. Die Nusspaste auf die Teigplatten streichen. Die Teigplatten von der Längsseite her aufrollen. Die Röllchen mit Eigelb bestreichen und mit der Naht nach unten auf das Blech setzen und leicht flach drücken. 10 Minuten zugedeckt ruhen lassen.

6 Die Röllchen im heißen Backofen 20 bis 25 Minuten backen. 30 Gramm Butter schmelzen, die noch warmen Röllchen damit bestreichen und dann mit Demerarazucker bestreuen.

Findest du mich zu dünn?
Nach Weihnachten hast du wieder dein Idealgewicht!
P. GAY

Ingwerplätzchen

350 g Mehl
2 TL Natron
1–2 EL Ingwerpulver
2 TL Zimtpulver
1/2 TL Salz
170 g weiche Butter
260 Zucker

75 ml Zuckerrübensirup
1 Ei
abgeriebene Schale von
    1 unbehandelten Zitrone
Backpapier für das Blech

FÜR ETWA 50 STÜCK

1 Das Mehl in eine Schüssel sieben. Natron, Ingwer- und Zimtpulver sowie Salz dazugeben und alles mit einem Schneebesen vermischen.

2 Die Butter in einer Schüssel geschmeidig rühren und mit 210 g Zucker schaumig schlagen. Den Sirup dazugeben, das Ei und zuletzt die Zitronenschale unterrühren.

3 Die Mehlmischung nach und nach zugeben und alles zu einem glatten Teig verrühren. Den Backofen auf 180 °C vorheizen.

4 Ein Backblech mit Backpapier auslegen. Aus dem Teig etwa 3 cm große Bällchen formen, diese im restlichen Zucker wenden und mit etwa 5 cm Abstand auf das Backblech legen. Die Kekse auf der mittleren Schiene des Ofens etwa 15 Minuten goldbraun backen.

Maronen in Vanillesirup

1,5 kg Maronen
1/4 l Ahornsirup oder Agavendicksaft
1 Vanilleschote
150 ml Weinbrand

FÜR 4 GLÄSER (à 500 g)

1 Backofen auf 180 °C vorheizen. Maronen auf der flachen Seite kreuzweise einritzen. Auf einem Backblech im heißen Backofen 20 bis 25 Minuten rösten, bis die Schale aufgeplatzt ist und die Maronen weich sind.

2 Maronen etwas abkühlen lassen, dann schälen, dabei die dünne braune Haut mit entfernen.

3 Den Ahornsirup oder den Agavendicksaft mit 600 ml Wasser bei schwacher Hitze unter ständigem Rühren heiß werden lassen. Kräftig aufkochen lassen, dann die Maronen hineingeben.

4 Die Vanilleschote längs aufschlitzen und zu den Maronen geben. Alles aufkochen, dann vom Herd nehmen und auskühlen lassen. Über Nacht zugedeckt durchziehen lassen.

5 Die Mischung am nächsten Tag erneut aufkochen. Die Maronen mit einem Schaumlöffel aus dem Sirup herausheben und in sterilisierte Einmachgläser füllen.

6 Den Weinbrand gleichmäßig auf die Gläser verteilen und die Maronen mit Sirup bedecken.

7 Die Gläser verschließen und in ein kochend heißes Wasserbad stellen. Die Maronen 50 Minuten einkochen. Danach die Gläser auskühlen lassen und erst dann die Klammern entfernen. Die Verschlüsse kontrollieren.

Dieses Jahr werd ich keine Plätzchen essen. Ich schwör's dir!!
P. GAY

Orangenplätzchen

80 g Butter
125 kernige Haferflocken
1 Ei
75 g fettarmer Joghurt
125 g brauner Zucker
1 Päckchen Vanillezucker
1 Prise Salz

1 Messerspitze gemahlener Zimt
2 EL Orangeat
abgeriebene Schale von
  2 unbehandelten Orangen
2 EL Orangensaft
50 g Weizenvollkornmehl
Backpapier für die Bleche

FÜR ETWA 35 STÜCK

1 Die Butter zerlassen und die Haferflocken darin leicht anrösten. Die Mischung in eine Schüssel geben und abkühlen lassen.

2 Das Ei mit dem Joghurt, dem Zucker, dem Vanillezucker, Salz, Zimt, Orangeat, Orangenschale und -saft schaumig rühren.

3 Den Backofen auf 200 °C vorheizen. 2 Bleche mit Backpapier auslegen. Die Haferflockenmischung mit dem Mehl unter die Eimischung rühren.

4 Vom Teig mit einem Teelöffel kleine Portionen abstechen und in einem 4 cm großen Häufchen auf die vorbereiteten Bleche setzen. Die Orangenplätzchen im heißen Backofen etwa 10 Minuten backen.

Tipp:
Setzen Sie die Teighäufchen nicht zu eng nebeneinander auf das Backblech: Sie laufen beim Backen etwas auseinander, und bei zu geringem Abstand würden die fertigen Kekse aneinander kleben und dadurch ihre runde Form verlieren.

Dattelecken

150 g weiche Butter
80 g Akazienhonig
1 Messerspitze Vanille
1 Prise Salz
6 Eigelb
150 g Mehl
1 TL Backpulver

150 g gehackte Walnusskerne
Butter für das Blech
200 g getrocknete Datteln
200 g Zartbitterschokolade

FÜR ETWA 48 STÜCK

1 Die Butter mit dem Honig, der Vanille, dem Salz und den Eigelben schaumig rühren. Das Mehl und das Backpulver mischen und darübersieben.

2 Die Walnusskerne und 3 EL Wasser unterrühren. Den Backofen auf 180 °C vorheizen, ein Backblech einfetten. Die Datteln aufschneiden, entkernen und würfeln, die Würfel unter den Teig rühren. Den Teig etwa 1,5 cm dick auf das Backblech streichen. Die Oberfläche mit einem breiten Messer glätten.

3 Im heißen Backofen 15 bis 20 Minuten backen, dann herausnehmen und auf dem Backblech auskühlen lassen. Die Teigplatte in Quadrate von etwa 6 x 6 cm, diese diagonal in Dreiecke schneiden.

4 Ein Kuchengitter mit Pergamentpapier auslegen. Die Schokolade in Stückchen hacken und in einer Schüssel auf dem heißen Wasserbad schmelzen lassen. Die Spitzen der Teigdreiecke nacheinander in die Schokoladenglasur tauchen, dann die Dattelecken zum Trocknen und Abkühlen auf ein Kuchengitter legen. Die Dattelecken danach vom Backpapier lösen und in eine Blechdose schichten.

Schoko-Rum-Kugeln

100 g Mandelmakronen
1 unbehandelte Orange
250 g geschälte Maronen
  (z. B. aus der Dose)
50 g weiche Butter
50 g Kakao
100 g Puderzucker

50 ml brauner Rum
Kakao zum Formen
je 150 g Zartbitter- und
  weiße Kuvertüre
einige Haselnüsse

FÜR ETWA 30 STÜCK

1 Mandelmakronen fein hacken. Orangenschale dünn abschälen, mit den Maronen erst hacken, dann mit der Butter im Mixer fein pürieren.

2 Masse in eine Schüssel geben, Kakao und Puderzucker unterrühren. Rum und Makronenbrösel nach und nach dazugeben. Mindestens 3 Stunden kalt stellen.

3 Eine Platte mit Kakao bestreuen. Aus der Pralinenmasse auf dem Kakaopulver daumendicke Rollen formen. Aus den Rollen ca. 30 Stücke schneiden und zu Kugeln formen. Weitere 3 Stunden kalt stellen.

4 Kuvertüre getrennt schmelzen, aber nicht heiß werden lassen. Haselnüsse grob hacken. Die Kugeln mit Zahnstochern in die Kuvertüre tauchen, auf Alufolie setzen und sofort mit gehackten Haselnüssen bestreuen.

Konfektvariationen

Mandel-Feigen-Kugeln
250 g getrocknete
  Feigen
200 g abgezogene
  Mandeln
200 g Puderzucker
1/2 TL Zimt

abgeriebene Schale von
  1 unbehandelten
  Zitrone
1 TL gemahlener Anis
1 EL Kakao
4 EL brauner Rum
3 EL Zucker

Marzipan-Nougat-Konfekt
200 g Nuss-Nougat
200 g Marzipan-Rohmasse
200 g Puderzucker
150 g gemahlene Mandeln
4 EL brauner Rum
50 g Schokoladenglasur

Walnuss-Konfekt
200 g Puderzucker
3 EL brauner Rum
40 Walnusshälften
25 g gehackte Pistazien

Mandel-Feigen-Kugeln:

Feigen fein schneiden und in der Küchenmaschine zerkleinern. Mandeln im Backofen bei 200 °C zartbraun rösten. Mandeln etwas abkühlen lassen und ebenfalls in der Küchenmaschine fein hacken. Puderzucker und 4 EL Wasser in einen Topf geben und bei größter Hitze ohne Rühren schmelzen lassen. Topf vom Herd nehmen, Zimt, Zitronenschale, Anis und Kakao unterrühren. Mit den Knethaken des Handrührers Mandeln und Feigen unterrühren. In eine Rührschüssel umfüllen und den Rum unter die Masse kneten. Hände mit Rum anfeuchten, aus der Masse ca. 35 Kugeln formen und in Zucker wälzen.

Marzipan-Nougat-Konfekt:

Nougatmasse in 35 gleichgroße Teile schneiden, diese zu Kugeln formen und kalt stellen. Marzipanmasse grob in eine Rührschüssel bröseln, Puderzucker darübersieben, die

gemahlenen Mandeln und den Rum zufügen. Mit den Händen einen glatten Teig kneten. Aus der Marzipanmasse 35 Kugeln formen. Jede Kugel etwas flach drücken, eine Nougatkugel hineinlegen und in Marzipan einhüllen. Die Schokolade im Wasserbad schmelzen. Aus Pergamentpapier ein kleines Tütchen formen, Glasur hineingeben und das Konfekt mit Schokoladenstreifen verzieren.

Walnuss-Konfekt:

Puderzucker sieben, mit dem Rum zu einer feuchten, weichen Masse kneten. Daraus 20 Kugeln formen, zu beiden Seiten je eine halbe Walnuss andrücken und in den fein gehackten Pistazien wälzen.

Alle Pralinen in Pralinenkapseln setzen und in einer gut schließenden Dose kühl aufbewahren.

41

Mandeln in Honig

400 g ganze, geschälte
   Mandeln
50 g Pistazienkerne
500 g flüssiger Honig
100 ml brauner Rum

FÜR 4 PORTIONEN

1 Mandeln kurz in einer Pfanne ohne Fett rösten, Pistazien dazugeben und kurz mitrösten lassen. Alles in eine Schüssel geben.

2 Den Rum mit dem Honig glatt rühren und sofort über die Mandeln gießen. Die Mandelmasse in saubere Schraubgläser füllen und verschließen. Auf den Deckel stellen, bis alles abgekühlt ist.

Spekulatius

500 g Mehl
1/2 Päckchen Backpulver
200 g brauner Zucker
2 Päckchen Vanillezucker
je 1 Msp. gemahlener
    Kardamom, Muskat
    und Nelken

1/2 TL Zimtpulver
2 Tropfen Zitronenöl
1 Prise Salz
250 g kalte Butter
6–7 EL Milch
100 g Mandelblättchen
2 Eigelb

Außerdem:
Spekulatiusmodel

FÜR ETWA 100 STÜCK

1 Mehl und Backpulver auf die Arbeitsfläche sieben. Zucker, Vanillezucker, Gewürze, Zitronenöl, Salz und die Butter in Stückchen darüber verteilen. Milch zugeben und alles mit einem großen Messer grob durchhacken. Mit den Händen zu einem glatten Teig verkneten, in Klarsichtfolie wickeln und für 2 Stunden in den Kühlschrank legen.

2 Den Backofen auf 180 °C vorheizen. Bleche mit Backpapier auslegen. Den Teig portionsweise auf der bemehlten Arbeitsfläche 3 mm dünn ausrollen und in Modelgröße ausschneiden. Die Model mit Mehl bestreuen und den Teig hineindrücken, Mandelblättchen eindrücken.

3 Die Spekulatius vorsichtig mit 1 cm Abstand auf die Bleche klopfen, falls nötig, die Ränder mit einem spitzen Messer lösen. Überstehenden Teig um die Figuren herum sauber abschneiden.

4 Die Eigelbe mit 4 EL Wasser verquirlen, die Spekulatius dünn damit bepinseln. Die Spekulatius im Ofen 10 bis 12 Minuten goldgelb backen und auf einem Kuchengitter abkühlen lassen.

Tipp:
Anstelle der einzelnen gemahlenen Gewürze können Sie 1 schwach gehäuften Teelöffel fertig gemischtes Spekulatiusgewürz nehmen.

Möchte doch meinem engsten Mitarbeiter auch eine kleine Freude machen.

Meine Kontonummer kennen sie ja.

P.GAY

Kourabiedes

(aus Griechenland)

200 g weiche Butter
150 g Zucker
1 Päckchen Vanille-
    zucker
1 EL Ouzo (griechischer
    Anisschnaps)
2 Eier

1 Prise Salz
375 g Mehl
125 g gemahlene Mandeln
Fett für das Blech
40 Gewürznelken
4 EL Orangenblütenwasser
    (aus der Apotheke)

200 g Puderzucker
Mehl zum Arbeiten

FÜR ETWA 40 STÜCK

1 Die Butter mit Zucker und Vanillezucker schaumig rühren. Ouzo, Eier und Salz unterrühren. Das Mehl darauf sieben, die Mandeln darüberstreuen, alles verrühren und auf der bemehlten Arbeitsfläche zu einem glatten Teig kneten. Diesen zu einer Kugel formen, in Folie wickeln und 1 Stunde kühl ruhen lassen.

2 Das Backblech einfetten. Den Backofen auf 180 °C vorheizen. Den Teig zu einer etwa 3,5 cm dicken Rolle formen und in 1,5 cm dicke Scheiben schneiden. Diese mit den Händen zu ovalen, leicht gewölbten Plätzchen formen und auf das Blech setzen. In jedes 1 Gewürznelke stecken.

3 Die Plätzchen im Ofen 15 bis 20 Minuten backen, bis sie leicht Farbe annehmen. Die noch warmen Plätzchen mit Orangenblütenwasser einpinseln und in Puderzucker wenden.

Tipp:
Statt Ouzo können Sie auch 1 EL klaren Schnaps und eine gute Prise gemahlenen Anis verwenden.

Vanillekipferl

150 g weiche Butter
50 g Puderzucker
1 Prise Salz
100 g fein gemahlene
   Mandeln
200 g Mehl
Mehl zum Arbeiten

3 Päckchen Vanillezucker
2 EL feiner Kristallzucker

FÜR ETWA 40 STÜCK

1 Butter, Puderzucker und Salz mit den Händen leicht verkneten. Mandeln und Mehl nach und nach unterkneten. Es soll alles gut verteilt, der Teig aber noch, wie bei Streuseln, bröselig sein. Zugedeckt über Nacht im Kühlschrank ruhen lassen.

2 Am nächsten Tag die Brösel zu einem immer noch mürben, aber formbaren Teig verkneten und zu 2 Rollen von je etwa 30 cm Länge formen. Die Rollen in Klarsichtfolie gehüllt 2 Stunden kalt stellen.

3 Den Backofen auf 180 °C vorheizen. Bleche mit Backpapier auslegen. Die Teigrollen in je 20 Portionen teilen und aus jeder mit leicht bemehlten Händen ein Hörnchen formen. Mit etwa 2 cm Abstand auf die Bleche legen und im Ofen 15 bis 20 Minuten goldgelb backen.

4 Vanillezucker und Kristallzucker auf einem tiefen Teller mischen, die noch heißen Kipferl darin wenden und auf einem Kuchengitter abkühlen lassen. In einer gut schließenden Blechdose aufbewahren.

49

Rosinenplätzchen

75 g Marzipan-Rohmasse
100 g weiche Butter
75 g Zucker
1 Päckchen Vanillezucker
1 Prise Salz
2 Eier
125 g Mehl

1/2 TL Backpulver
60 g Rumrosinen (Fertig-
    produkt)
50 g Puderzucker
3 EL Rum oder Orangen-
    saft

Außerdem:
Spritzbeutel

FÜR ETWA 50 STÜCK

1 Den Backofen auf 200 °C vorheizen. Bleche mit Backpapier auslegen. Das Marzipan mit der Butter verkneten, mit Zucker, Vanillezucker und Salz weißschaumig aufschlagen. Die Eier nach und nach unterschlagen. Mehl und Backpulver mischen, darübersieben und unter die Buttermasse rühren.

2 Den Teig mit dem Spritzbeutel mit großer Lochtülle zu Tupfen mit etwa 3 cm Durchmesser in 2 cm Abstand auf die Bleche spritzen. Auf jedes Plätzchen einige Rumrosinen legen und leicht eindrücken.

3 Im Ofen in 15 bis 20 Minuten goldgelb backen.

4 Für die Glasur Puderzucker mit Rum oder Orangensaft glattrühren und die noch heißen Plätzchen damit überziehen. Auf einem Kuchengitter abkühlen und trocknen lassen. In einer gut schließenden Dose aufbewahren.

Tipp:
Statt mit Rumrosinen können die Plätzchen auch mit Schokoladenstückchen belegt werden. Dafür am besten 100 g Zartbitter-Schokolade in etwa erbsengroße Stücke schneiden.

Holländische Hausfreunde

150 g weiche Butter
125 g Zucker
1 Päckchen Vanillezucker
1 Ei
1 Prise Salz
4 Tropfen Zitronenöl
275 g Mehl

1/2 TL Backpulver
Mehl zum Arbeiten
gut 80 geschälte Mandel-
    hälften
1 Eigelb zum Bestreichen

FÜR ETWA 40 STÜCK

1 Die Butter mit Zucker und Vanillezucker schaumig schlagen. Ei, Salz und Zitronenöl zufügen und verrühren. Das Mehl mit Backpulver mischen, portionsweise darübersieben und unterrühren, später mit den Knethaken des Handrührgeräts unterarbeiten. Den Teig in Klarsichtfolie wickeln und für 2 Stunden in den Kühlschrank legen.

2 Den Backofen auf 180 °C vorheizen. Bleche mit Backpapier auslegen. Den Teig auf der bemehlten Arbeitsfläche etwa 5 mm dünn ausrollen und Quadrate von etwa 5 cm Kantenlänge ausschneiden.

3 Die Teigstücke mit 2 cm Abstand auf die Bleche legen. Die Mandeln kreuzförmig darauflegen und leicht eindrücken. Das Eigelb mit 1 EL Wasser verquirlen und die Oberflächen der Plätzchen damit bestreichen. Im Ofen 10 bis 15 Minuten goldgelb backen und auf einem Kuchengitter abkühlen lassen.

Limettenmonde

250 g Mehl
1 TL Backpulver
125 g Zucker
1 Prise Salz
abgeriebene Schale von
    4 unbehandelten Li-
    metten

125 g Butter oder
    Margarine
1 Ei
Mehl zum Arbeiten
50 g Zitronat
Saft von 2 Limetten
100 g Puderzucker

Außerdem:
mittelgroße Mondformen
    zum Ausstechen

FÜR ETWA 100 STÜCK

1 Mehl und Backpulver auf die Arbeitsfläche sieben. Zucker, Salz, Limettenschale und Butter oder Margarine in Stückchen darüber verteilen. Eine Mulde in die Mitte drücken und das Ei hineingeben.

2 Alles mit einem großen Messer grob hacken, dann mit den Händen zu einem glatten Teig verkneten. Den Teig zu einer Kugel formen und in Klarsichtfolie gewickelt 2 Stunden in den Kühlschrank legen.

3 Backofen auf 180 °C vorheizen. Bleche mit Backpapier auslegen. Den Teig portionsweise auf der bemehlten Arbeitsfläche 3mm dünn

ausrollen und Monde ausstechen. Mit 1 cm Abstand auf die Bleche legen. Die Monde im Ofen in 8 bis 10 Minuten blassgelb backen.

4 Das Zitronat sehr fein hacken, Limettensaft mit Puderzucker glattrühren. Die noch heißen Plätzchen mit dem Guss bestreichen, mit Zitronat bestreuen und auf einem Kuchengitter abkühlen lassen.

Nougatplätzchen

200 g Mehl
75 g Puderzucker
1 Prise Salz
2 EL Orangenlikör oder Weinbrand
100 g Butter oder Margarine
3 Eigelb

Mehl zum Arbeiten
75 g Nougatmasse
1 Eiweiß
100 g dunkle Kuvertüre
Schokoladenstreusel

FÜR ETWA 40 STÜCK

1 Das Mehl auf die Arbeitsfläche sieben, Puderzucker, Salz, Orangenlikör und die Butter in Stückchen darüber verteilen. Die Eigelbe in die Mitte geben. Alles mit einem großen Messer grob durchhacken, dann mit den Händen zu einem glatten Teig verkneten.

2 Den Teig zu einer Kugel formen, in Klarsichtfolie wickeln und 2 Stunden kalt stellen. Den Backofen auf 180 °C vorheizen. Bleche mit Backpapier belegen. Den Teig auf einer bemehlten Arbeitsfläche portionsweise 3 mm dünn ausrollen und in etwa 80 Rauten mit etwa 4 cm Seitenlängen schneiden.

3 Die Hälfte der Rauten mit 1,5 cm Abstand auf die Bleche legen. Nougat in etwa 40 kleine Stücke schneiden und je 1 Stück in die Mitte der Plätzchen legen. Teigränder mit Eiweiß einpinseln und die restlichen Plätzchen darüberlegen.

4 Die Ränder gut festdrücken, die Plätzchen im Ofen 12 bis 15 Minuten backen. Auf einem Kuchengitter abkühlen lassen. Kuvertüre grob hacken und im heißen Wasserbad schmelzen. Rauten mit Kuvertüre überziehen, Schokostreusel darüberstreuen. Gut trocknen lassen.

Tipp:
Nougatmasse bekommen Sie im Backregal des Supermarktes oder in der Konfiserie als Riegel oder vom Block. Ungeeignet für dieses Rezept sind mit Nougat gefüllte Schokolade und Nussnougatcreme.

Mandelmakronen

1/8 l Eiweiß (von etwa 4 Eiern)
150 g Zucker
1 Päckchen Vanillezucker
3 Tropfen Bittermandelöl
200 g geschälte, gemahlene
  Mandeln

Zum Verzieren:
50 g Vollmilch-Kuvertüre
  nach Geschmack

FÜR ETWA 50 STÜCK

1 Zwei Backbleche mit Backpapier auslegen. Den Backofen auf 140 °C vorheizen. Eiweiß zu einem festen, feinporigen Schnee schlagen, bis ein Messerschnitt gut sichtbar bleibt.

2 Den Zucker und Vanillezucker nach und nach einrieseln lassen, dabei weiterschlagen. Dann das Mandelöl zugeben und schlagen, bis es sich richtig verteilt hat.

3 Die Mandeln auf den Schnee schütten und mit dem Schneebesen unterziehen. Mit zwei Teelöffeln von der Mandelmasse kleine Häufchen auf das Backpapier setzen (oder mit dem Spritzbeutel Rosetten aufspritzen).

4 Makronen im Ofen 30 bis 35 Minuten backen, kurz abkühlen lassen und vorsichtig vom Blech heben. Nach Geschmack die Kuvertüre im heißen Wasserbad schmelzen. Auf jede Makrone einen Tupfen Schokolade setzen und trocknen lassen.

Spritzbögen

mit Schoko-Sahne-Füllung

200 g Butter
80 g Puderzucker
1 Päckchen Vanillezucker
1 Prise Salz
4 Eigelb
20 g Kakaopulver
200 g Mehl

250 g Edelbitter-
    Schokolade
200 g Sahne

Außerdem:
Spritzbeutel

FÜR ETWA 70 STÜCK

1 Den Backofen auf 160 °C vorheizen. Bleche mit Backpapier auslegen. Die Butter mit dem Puderzucker, Vanillezucker und Salz schaumig aufschlagen. Dann die Eigelbe nach und nach unterarbeiten. Kakao und Mehl darübersieben und unterkneten.

2 Den Teig in einen Spritzbeutel mit großer Sterntülle füllen und etwa 140 Bögen auf die Bleche spritzen. Im Ofen 10 bis 15 Minuten backen, auf einem Kuchengitter abkühlen lassen.

3 Inzwischen die Schokolade hacken. Sahne aufkochen, die Schokolade darin schmelzen. Vom Herd nehmen und mit dem Stabmixer gut durchmischen, ohne zuviel Luft einzuarbeiten. In eine Schüssel füllen, abkühlen und erstarren lassen.

4 Die Schokoladen-Sahne-Masse in den Spritzbeutel mit kleiner Sterntülle füllen. Die Hälfte der Bögen umdrehen und kleine Schokorosetten daraufspritzen. Die restlichen Bögen daraufsetzen und leicht andrücken. Das Gebäck kühl, aber nicht im Kühlschrank aufbewahren und recht bald verzehren.

Elisenlebkuchen

2 Eier
150 g Farinzucker
1 Msp. gemahlene Nelken
1 Msp. gemahlener Kardamom
abgeriebene Schale von 1 unbehandelten Zitrone

1/2 TL gemahlener Zimt
1 EL Rum
100 g gewürfeltes Zitronat
150 g gemahlene Haselnüsse
100 g gehackte Mandeln

Außerdem:
40 Oblaten (ca. 5cm Ø)
250 g Puderzucker
3–4 EL heißes Wasser

FÜR 40 STÜCK

1 Die Eier mit den Besen eines Handrührgeräts auf höchster Stufe schaumig schlagen. Den Farinzucker nach und nach langsam einrieseln lassen, cremig schlagen. Nelken, Kardamom, Zitronenschale, Zimt und Rum sowie Zitronat, Haselnüsse und Mandeln unterrühren.

2 Den Backofen auf 150 °C vorheizen. Die Masse leicht bergförmig auf die Oblaten streichen, auf ein Backblech setzen. Auf der mittleren Schiene etwa 20 Minuten backen. Etwas abkühlen lassen.

3 Für den Guss den gesiebten Puderzucker mit dem heißen Wasser zu einer streichfähigen Masse verrühren. Die Lebkuchen noch warm damit bestreichen.

Zimtsterne

3 Eiweiß
300 g Puderzucker
1 Päckchen Vanillinzucker
1 TL gemahlener Zimt
1 EL Kirschwasser
350 g gemahlene Mandeln

gemahlene Mandeln zum
  Ausrollen

FÜR ETWA 45 STÜCK

1 Das Eiweiß mit den Besen eines Handrührgeräts auf höchster Stufe steif schlagen.
Den gesiebten Puderzucker nach und nach
einrieseln lassen. Von der Masse 1/3 zum
Bestreichen abnehmen.

2 Vanillinzucker, Zimt, Kirschwasser und die
Hälfte der Mandeln vorsichtig unter den Eischnee ziehen. Vom Rest der Mandeln so viel
unterkneten, dass der Teig kaum noch klebt.

3 Den Backofen auf 130 °C vorheizen. Den
Teig auf einer mit gemahlenen Mandeln be-
streuten Arbeitsfläche etwa 1 cm dick ausrollen. Sterne ausstechen, auf ein mit Backpapier ausgelegtes Backblech legen, mit
dem abgenommenen Eischnee bestreichen.

4 Etwa 30 Minuten auf der mittleren Schiene
backen. Die Zimtsterne sollen sich auf der
Unterseite noch etwas weich anfühlen. Auf
einem Kuchengitter auskühlen lassen.

In diesem Sack befinden sich 27000 Kalorien! – Wollt Ihr die haben?

Pistazienstollen

150 g Butter
knapp 200 ml Milch
1 Würfel frische Hefe
75 g Zucker
500 g Mehl
1 Prise Salz
1 Ei

abgeriebene Schale von
  1 unbehandelten Zitrone
100 g gewürfeltes
  Orangeat
50 g gewürfeltes Zitronat
100 g Pistazien
100 g Marzipan-Rohmasse

50 g Puderzucker
1 EL Maraschino

Außerdem:
Mehl für die Arbeitsfläche
80 g Butter zum Bestreichen
80 g Puderzucker zum Bestäuben

1 Die Butter zerlassen und abkühlen lassen. Milch erwärmen. Hefe zerbröckeln und mit 1 TL Zucker zu der Milch geben. An einem warmen Ort 15 Minuten gehen lassen.

2 Das Mehl in eine Rührschüssel sieben. Salz, Hefeansatz, restlichen Zucker, Ei und Zitronenschale hinzufügen, ebenso die flüssige Butter sowie Orangeat und Zitronat. Alles mit den Knethaken eines Handrührgeräts auf höchster Stufe zu einem Teig vermengen. Den Teig zugedeckt an einem warmen Ort etwa 45 Minuten gehen lassen.

3 Die Pistazien fein hacken. Die Marzipan-Rohmasse in Stückchen schneiden, mit Pistazien, gesiebtem Puderzucker und Maraschino verkneten. Die Masse mit dem Handrührgerät auf höchster Stufe unter den Hefeteig mengen. Teig auf einer bemehlten Arbeitsfläche glatt kneten.

4 Den Teig halbieren, 2 Rollen von 20 cm Länge formen. Jeweils mit dem Nudelholz längs in der Mitte etwas dünner rollen. Eine Teighälfte auf die andere schlagen und etwas andrücken.

5 Die Stollen auf ein mit Backpapier ausgelegtes Backblech setzen und an einem warmen Ort nochmals etwa 30 Minuten gehen lassen. Den Backofen auf 250 °C vorheizen.

6 Das Blech auf der zweiten Schiene von unten in den Ofen schieben. Backofen auf 170 °C zurückschalten. Stollen etwa 50 Minuten backen.

7 Die Butter zerlassen, die heißen Stollen damit bestreichen und mit der Hälfte des Puderzuckers bestäuben. Die Stollen abkühlen lassen und mit dem restlichen Puderzucker bestäuben.

Marzipanstollen

150 g Butterschmalz
100 ml Milch
400 g Mehl
1 Päckchen Trockenhefe
2 Eigelb
1 Prise Salz
50 g Zucker

1 Päckchen Vanillezucker
abgeriebene Schale von
    1 unbehandelten Orange
1/2 TL gemahlener Zimt
100 g gewürfeltes Zitronat
100 g abgezogene,
    gehackte Mandeln

150 g Marzipan-Rohmasse
100 g Puderzucker
1 EL Orangenlikör
50 gewürfeltes Orangeat
125 g Rum-Rosinen

Außerdem:
Mehl für die Arbeitsfläche
70 g Butter zum Bestrei-
    chen
70 g Puderzucker zum Be-
    stäuben

FÜR ETWA 45 STÜCK

1 Das Butterschmalz in einem Topf bei mäßiger Hitze zerlassen, abkühlen lassen. Die Milch erwärmen. Das Mehl in eine Rührschüssel sieben und die Hefe daruntermischen. Milch, flüssiges Butterschmalz, 1 Eigelb, Salz, Zucker, Vanillezucker, Orangenschale, Zimt, Zitronat, Mandeln zu dem Mehl geben.

2 Die Zutaten mit den Knethaken eines Handrührgeräts auf höchster Stufe verkneten. Den Teig zugedeckt an einem warmen Ort etwa 45 Minuten gehen lassen.

3 Die Marzipan-Rohmasse zerbröseln und mit gesiebtem Puderzucker, Likör, Orangeat und 1 Eigelb verkneten. Den gegangenen Hefeteig auf eine bemehlte Arbeitsfläche geben, Zitronat, Mandeln und Rum-Rosinen dazugeben und alles glatt kneten. Teig 30 x 20 cm groß ausrollen. Marzipanmasse auf 30 x 15 cm

ausrollen und auf den Hefeteig legen, etwas andrücken und den Teig aufrollen.

4 Den Teig mit dem Nudelholz längs in der Mitte etwas dünner rollen. Eine Teighälfte auf die andere schlagen, etwas andrücken. Den Stollen auf ein mit Backpapier ausgelegtes Backblech setzen und an einem warmen Ort nochmals etwa 30 Minuten gehen lassen. Den Backofen auf 250 °C vorheizen.

5 Das Blech auf der zweiten Schiene von unten in den Ofen schieben. Backofen auf 170 °C zurückschalten und den Stollen etwa 1 Stunde backen.

6 Die Butter zerlassen, den heißen Stollen damit bestreichen und mit der Hälfte des Puderzuckers bestäuben. Abkühlen lassen und mit dem restlichen Puderzucker bestäuben.

Dresdner Butterstollen

125 g Rosinen
125 g Korinthen
3 EL Rum
1/8 l Milch
1 Würfel frische Hefe
75 g Zucker
250 g Butter

500 g Mehl
1 Prise Salz
50 g gemahlene Mandeln
50 g gewürfeltes Zitronat
50 g gewürfeltes Orangeat
abgeriebene Schale von
   1 unbehandelten Orange

1 TL gemahlener
  Kardamom
1 TL gemahlener Zimt
Mehl für die Arbeitsfläche
70 g Butter zum Bestreichen
70 g Puderzucker zum Be-
  stäuben

1 Die Rosinen und Korinthen mit dem Rum begießen, zugedeckt 3 Stunden ziehen lassen. Die Milch erwärmen, Hefe zerbröckeln und mit 1 TL Zucker zu der Milch geben. An einem warmen Ort etwa 15 Minuten gehen lassen.

2 Die Butter zerlassen und abkühlen lassen. Das Mehl in eine Rührschüssel sieben. Butter mit dem Hefeansatz, dem restlichen Zucker, Salz, Mandeln, Zitronat, Orangeat, Orangenschale, Kardamom und Zimt zum Mehl geben. Die Zutaten mit den Knethaken eines Handrührgeräts auf höchster Stufe zu einem Teig verkneten.

3 Den Teig zugedeckt an einem warmen Ort etwa 45 Minuten gehen lassen, dann auf einer bemehlten Arbeitsfläche glatt kneten, dabei Rosinen und Korinthen dazugeben.

4 Den Teig halbieren. Jede Hälfte zu 1 Rolle von 20 cm Länge formen, mit dem Nudelholz längs in der Mitte etwas dünner rollen. Eine Teighälfte auf die andere schlagen, etwas andrücken.

5 Den Backofen auf 250 °C vorheizen. Den Stollen auf ein mit Backpapier ausgelegtes Backblech setzen und an einem warmen Ort nochmals etwa 30 Minuten gehen lassen.

6 Das Blech auf der zweiten Schiene von unten in den Ofen schieben. Backofen auf 170 °C zurückschalten und die Stollen etwa 1 Stunde backen.

7 Die Butter zerlassen, die heißen Stollen damit bestreichen und mit der Hälfte des Puderzuckers bestäuben. Die Stollen abkühlen lassen und mit dem restlichen Puderzucker bestäuben.

Kleine Früchtestollen

100 g getrocknete Apri-
kosen
50 g rote Belegkirschen
150 g Rosinen
150 g Korinthen
je 100 g gewürfeltes Zi-
tronat und Orangeat

100 ml Rum
500 g Mehl
1 Päckchen Backpulver
1 Vanilleschote
150 g Zucker
1 Prise Salz
2 TL Lebkuchengewürz

2 Eier
200 g Margarine
250 g Magerquark
250 g abgezogene,
gemahlene Mandeln

Außerdem:
Mehl für die Arbeitsfläche
80 g Butter zum Bestrei-
chen
80 g Puderzucker zum Be-
stäuben

FÜR 3 KLEINE STOLLEN

1 Die Aprikosen und Kirschen würfeln, mit Rosinen, Korinthen, Zitronat und Orangeat und Rum vermischen, zugedeckt 3 Stunden stehen lassen.

2 Das Mehl mit dem Backpulver in eine Rührschüssel sieben. Vanilleschote aufschlitzen, das Mark herauskratzen und mit Zucker, Salz, Lebkuchengewürz, Eiern, Margarine und Quark zu dem Mehl geben. Alles mit den Knethaken eines Handrührgeräts auf höchster Stufe zu einem Teig verkneten. Mandeln und Rumfrüchte dazugeben und auf einer bemehlten Arbeitsfläche glatt kneten.

3 Den Backofen auf 250 °C vorheizen. Den Teig in 3 Teile teilen. Jeden Teil zu einer Rolle von 15 cm Länge formen. Mit dem Nudel-

holz längs in der Mitte etwas dünner rollen, eine Teighälfte über die andere schlagen, etwas andrücken. Die Stollen auf ein mit Backpapier belegtes Backblech legen.

4 Das Blech auf der zweiten Schiene von unten in den vorgeheizten Ofen schieben. Backofen auf 170 °C zurückschalten und die Stollen etwa 45 Minuten backen.

5 Die Butter zerlassen, die heißen Stollen damit bestreichen und mit der Hälfte des Puderzuckers bestäuben. Die Stollen abkühlen lassen und mit dem restlichen Puderzucker bestäuben.

Ischler Mandelschnitten

200 g weiche Butter
120 g Zucker
abgeriebene Schale von
   1/2 unbehandelten
   Zitrone
1 Eigelb
180 g geschälte, ge-

mahlene Mandeln
270 g Mehl
150 g Himbeerkonfitüre
150 g Zartbitter-Kuvertüre
56 geschälte Mandelhälften
1 Eiweiß
4 EL Zucker

FÜR ETWA 56 STÜCK

1 Butter mit Zucker, Zitronenschale und Eigelb schaumig rühren. Mandeln und Mehl unterrühren und zu einem geschmeidigen Teig verkneten. Zu einer Kugel formen, in Folie wickeln und 3 bis 4 Stunden kühl stellen.

2 Den Teig halbieren, zwischen zwei Lagen Folie 3 bis 4 mm dick ausrollen. In 4,5 x 2,5 cm große Schnitten schneiden. Den Backofen auf 180 °C vorheizen. 2 Backbleche mit Backpapier auslegen. Drauf die Schnitten im Ofen 10 bis 12 Minuten backen.

3 Himbeerkonfitüre erwärmen. Die Hälfte der heißen Schnitten damit bestreichen und je 1 trockene Schnitte auflegen. Festwerden lassen.

4 Kuvertüre schmelzen, die Schnitten damit dick einpinseln. Die Mandeln in Eiweiß tauchen, in Zucker drücken, auf die Kuvertüre legen und die Plätzchen trocknen lassen.

DIE FIRMA DANKT !

1. Auflage

© 2008 Wilhelm Goldmann Verlag, München, in der Verlagsgruppe Random House GmbH

Einzelabdruckrechte an den Zeichnungen von Peter Gaymann: www.cartoon-agentur.de

Umschlagillustration: Peter Gaymann

Umschlaggestaltung: WILD AT ART, Andrea Schmidt, München

Illustrationen: Peter Gaymann

Bildredaktion: Elisabeth Franz

Rezeptbilder: Falken Verlag 24, 27, 31 (U. Kopp), 39, 42 (N. Leser) 62, 65, 67, 71 (B. Wegner) Mosaik Verlag 44, 48 (M. Brauner), 46, 50, 52, 54, 56, 59, 60, 75 (A. Endress), 6 (Newedel/Gerk), Südwest Verlag 12, 16, 29, 32 (M. Brauner), 8 (M. Görlach/Eising Food Photo), 5, 11, 15, 22 (M. Holz), 20 (K. Newedel), 18, 35, 37 (R. Seiffe)

Artwork und Gestaltung: WILD AT ART, Andrea Schmidt, München

Reproduktion: Lorenz & Zeller, Inning a. A.

Druck und Bindung: Polygraf Print, Prešov

Printed in the Slovak Republic

ISBN 978-3-442-39154-7

www.mosaik-goldmann.de

201

Weihnachten mit Peter Gaymann:

Peter Gaymann kocht:
Weihnachtsgans & Zimtparfait

ISBN 978-3-442-39125-7

Außerdem von Peter Gaymann bei Mosaik bei Goldmann:

Peter Gaymanns
Liebesglück

ISBN 978-3-442-39122-6

Peter Gaymanns
Traumpaare

ISBN 978-3-442-39133-2

Peter Gaymann
Saumäßig verliebt

ISBN 978-3-442-39123-3

Peter Gaymanns
Katzen

ISBN 978-3-442-39098-4

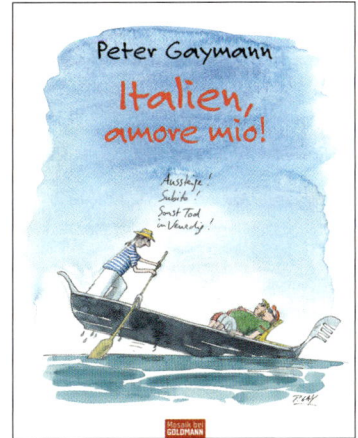

Peter Gaymann
Italien, amore mio!

ISBN 978-3-442-39138-7

Peter Gaymanns
Weinlese

ISBN 978-3-442-39086-1

Peter Gaymanns
Wellness-Hühner

ISBN 978-3-442-39072-4

Peter Gaymanns
Wellness-Hühner 2009 (Wandkalender)

ISBN 978-3-442-31801-8